LA PAÏVA

L'ÉDITION ORIGINALE DE CE VOLUME A ÉTÉ TIRÉE A 1.000 EXEMPLAIRES RÉIMPOSÉS, DANS « LA COLLECTION LA GALERIE DES GRANDES COURTISANES », AVEC DES ILLUSTRATIONS DE JEAN OBERLÉ.

MARCEL BOULENGER

LA PAÏVA

PARIS

ÉDITIONS M.-P. TRÉMOIS

43, AVENUE RAPP

MCMXXX

A

MES CHERS AMIS

J.-J. THARAUD

qui ont trouvé l'hôtel Païva si laid, un jour, sous les bourgeons d'avril.

M. B.

HORS
DE LA
POUILLERIE NATALE

Cette extraordinaire Mme de Païva porta plus d'un nom. Quand elle mourut, en 1884, elle était comtesse Henckel de Donnersmarck. A sa naissance, l'an 1819, elle s'appelait Thérèse Lachman. Entre temps, elle avait été Mme Villoing, puis soi-disant Mme Herz, et ensuite marquise de Païva : mais le public, qui n'y regarde pas de si près, connut surtout « la Païva ». Les diamants, les chevaux, les voitures, les dîners, l'escalier d'onyx, le château sans pareil, l'impudence et la cravache levée, le wagnérisme et le mécénat, c'était la Païva. C'est sous ce nom que les journaux la désignaient à chaque instant. C'est sous ce nom aussi qu'il eût fallu la fusiller en 1870, si les gouvernants avaient su gouverner.

Elle naquit dans le ghetto de Moscou. Que vendait ou revendait son père, un certain Lachman ? Des lainages ou du vieux drap : enfin pas grand'chose, apparemment, car il n'avait pas le sou. En tout cas, c'était un homme prudent ; quand la petite eut sept ans, il la fit baptiser, à tout hasard. De cette façon, elle aurait plus tard deux religions à présenter au plus offrant : c'était déjà lui constituer un petit fonds de commerce. Mais on peut douter que ce baptême de précaution ait été bien vu par les pieux vieillards du ghetto, lesquels ne plaisantaient guère sur ce point.

On a coutume de dire que les premières années de la vie passent comme en rêve, que l'enfance est insouciante, etc. Admettons-le, s'il s'agit de la prime enfance : Thérèse se sera roulée dans la neige, la crotte ou l'affreuse poussière de Moscou en riant de toutes ses dents blanches avec les autres bambins d'Israël, ses compagnons à tignasses de jais ou d'agate. Mais à peine devenue fillette, comme elle a dû souffrir d'être pauvre, elle qui avait envie de tout ! S'avisait-elle que Rebecca, sa camarade, portait quelque méchant bijou de nacre et d'étain, on voyait défaillir de jalousie la petite en lambeaux, et qui grattait ses puces ; et si quelque troïka passait au galop dans une double gerbe de boue, de quels yeux étincelants Thérèse la moricaude ne devait-elle pas suivre un si bel équipage ! Elle n'était certes pas née pour la misère, ni pour la résignation : les veines remplies d'un sang fiévreux, elle se sentait de la race de ceux qui conquirent la Terre promise et non d'une lignée d'Orientales vouées à marmonner des prières, tout en mouchant les gosses et surveillant sur le fourneau la carpe farcie.

A dix-sept ans, en 1836, Thérèse aurait séduit qui elle eût voulu, pourvu seulement qu'on lui eût posé une robe sur les épaules, ce qui s'appelle une robe, à la place de ses guenilles : car la malheureuse allait affublée de carapaces rapiécées plutôt que de vêtements, entendez qu'elle portait la défroque de sa mère, de ses tantes et vieilles cousines,

Juives à perruques d'étoffe, commères séniles avant la trentaine et qui s'habillaient elles-mêmes, au hasard des trouvailles, de noir verdi, de brun roussi, tout cela plein de taches et de trous.

Mais ce n'est point un raffiné, rêvant d'Aphrodites aux lèvres pures et de nymphes ramenant leurs voiles, que la petite Lachman eût enchanté. Elle ressemblait bien plutôt à ces diablesses que les cosaques jetaient sur leurs selles les soirs de pogroms, ou à quelque gypsie installée devant ses tarots à la corne d'un bois. Elle secouait autour de sa tête une forêt de lianes sombres et de serpents bleus. Son nez était bizarre, cassé au bout comme celui d'un kalmouk, et ses larges narines palpitaient de manière indécente. Avec cela, une bouche droite, rouge, et d'énormes yeux de libellule, des yeux qui seront myopes un jour, mais alors si ardents, si luisants qu'ils devaient encore étinceler pendant la nuit.

Joignez un corps léger, cambré, sauvage, prêt au bond de la faunesse comme de la gitane... Un peu de satin, répétons-le, quelques dentelles, des rubans, et l'on faisait de cette gueuse la plus redoutable des demoiselles.

Cette transformation fut accomplie, et merveilleuse, et parachevée, mais non pas tout de suite. Il n'y eut, en 1836, qu'un malheureux être miteux et toussoteux, un Français échoué à Moscou, et nommé Antoine Villoing, pour concevoir l'idée folle d'épouser la jeune sorcière. Il était peut-être chrétien, ce Villoing : mais on se rappelle que Thérèse avait deux religions. Et puis, il l'adorait, le pauvre diable !

De son métier tailleur en chambre, il demeurait tout le jour voûté sur son aiguille. On devine sa poitrine creuse et sa mine d'infirme : était-ce là le mari qu'il fallait à cette noire fille, affolée par les projets, et qui avait dix-sept ans, autant dire le feu dans les veines ? Bah, il s'agissait bien de cela !... Et d'abord Thérèse voulait se marier afin d'être libre. Quant au père Lachman, il avait l'habitude de vendre à Villoing du drap, des vieux galons, des fourrures pelées : un beau matin, il lui vendit sa fille par-dessus le marché. On voudrait ajouter qu'il ne la vendit pas cher : mais le vieux Lachman ne lâchait pas son bien en pensant à autre chose, et qui sait si Villoing ne s'est pas endetté pour la vie en achetant cette démone. Elle arriva chez lui avec un paquet de guenilles, et sans doute quelques poux en surplus.

Cela dura bien un an, deux ans peut-être, le temps de voir naître un bébé : puis Thérèse Villoing, née Lachman, se sauva. Et le bébé ? Elle le laissait pour compte au tailleur : qu'il se débrouille. Avait-elle pleuré pour l'avoir, ce petit ? Certes non. Il était venu par hasard, on dirait par accident. Son père l'élèverait à force de tailler des blouses et des lévites : et Lachman ne laisserait pas non plus mourir son petit-fils, quitte à le présenter à la synagogue, s'il le fallait... Quant à rester là et perdre sa vie pour un marmot encore aux langes et déjà chétif, non et non ! Thérèse disparut sans laisser de traces. Avec quelqu'un ? Probablement. Il fallait bien manger en route, si peu que ce fût.

Mais alors, elle n'avait donc pas de cœur ? Car enfin, abandonner un pauvre petit bébé, c'est beaucoup plus qu'un crime pour une mère, une jeune mère.

Eh bien, non, Thérèse n'avait pas de cœur. Cela s'est vu : on a connu bien d'autres aventurières qui en manquaient également, et jusqu'à des saintes qui n'en avaient guère. Laissons-lui quelque sensibilité, des nerfs, enfin ce qu'il faut pour aimer la musique, puisqu'elle se montra mélomane si passionnée au cours de sa vie de conte de fée, puisque, si elle savait tout juste lire et écrire, elle tourmentait d'instinct la guitare et le violon dès son enfance, comme ces petites tziganes, auxquelles du reste elle ressemblait.

Oui, elle savait lire, écrire et compter — oh ! très bien compter par exemple. Et il le fallait, pour mener l'existence si dure et affreuse que fut la sienne pendant deux ou trois ans. Un sou était un sou, alors, pour la future Païva : et Dieu sait s'il devait sembler atroce de l'aller gagner dans la boue, comme elle faisait!

Nous n'avons aucun détail — et pour cause — sur la façon dont subsista Thérèse Lachman jusqu'à 1841, mais, hélas, il n'est pas difficile de l'imaginer. Ce qu'on sait de précis, c'est qu'elle vint échouer à Paris, où elle logea dans le quartier juif qui se trouve non loin de l'église Saint-Paul ; puis, en 1841, elle se trouvait à Ems, errant autour de la maison de jeu. Hormis ces deux renseignements de passeports, il y a là un trou de trois années sur lesquelles on pense bien que la Païva, plus tard, n'a point prodigué les confidences.

Horrible, ce quartier Saint-Paul, sous Louis-Philippe ! Une débâcle de masures et de trop hautes maisons, noires de crasse, au bas desquelles les rues avaient l'air de se glisser furtivement. Çà et là, une boulangerie spéciale, une boucherie rituelle, dont les devantures s'ornaient de caractères hébreux ; et parmi la foule passaient parfois des hommes en longues lévites, chaussés de bottes jamais propres, et chevelus, et barbus, enfin des Juifs de Pologne, de Russie, de Hongrie. Certains roulaient en carrosse au bout de deux ans : mais la plupart suaient la misère, et ajoutaient encore à la tristesse de ces ruelles empestées.

Comment Thérèse Lachman, femme Villoing, parvint-elle à ne pas se tuer de détresse sur le dur pavé de Paris ? La réponse est trop claire : un compagnon, puis un autre, un chaque nuit, s'il le fallait. Encore une fois, cette période de sa vie faisait peu d'honneur à celle qui mourut comtesse Henckel de Donnersmarck. Elle connut sans doute, à ce moment, le fond de la misère et de la honte. Encore une fois, il fallait manger.

Mais la Thérèse savait se débrouiller. La preuve, c'est qu'en 1841, elle s'était envolée déjà bien au-dessus et bien loin de la crapule obscure du quartier Saint-Paul. Elle avait deux ou trois robes, des bijoux faux, elle pouvait se présenter le soir dans un bal public, un casino. Elle se trouvait à Ems, en Prusse, ville de plaisir assez vulgaire et de jeu. Elle avait lu des romans, des journaux, son intelligence entreprenante s'attaquait à toutes choses, et la musique la faisait presque évanouir de volupté dans les concerts : ce qu'on remarquait.

Ce fut alors qu'elle rencontra l'illustre pianiste Henri Herz. Un grand amour naquit soudain, amour éperdu d'Henri Herz, amour sincère de la Thérèse, et même très sincère probablement.

MUSIQUE

Ici se place donc le roman, et mieux, le poème d'amour que vécut Thérèse Lachman.

Si toutefois c'était bien de l'amour !... Car, au fond, qu'en savons-nous au juste ? Il n'y eut en effet que musique et encore musique en cette aventure, et l'on n'ignore pas que les sentiments se noient avec volupté parmi les accords et les mélodies, comme les couleurs s'évanouissent dans la brume ; puis il arrive qu'une fois éteinte la dernière note, une fois revenu le beau silence, brume et couleurs s'effacent d'un seul coup. Nous n'avons nulle confiance en la profondeur des tendresses mêlées aux concertos, non plus qu'en la durée de ces émotions qui s'élèvent tandis que les violons sanglotent dans l'orchestre. Il est vrai que nous n'aimons point la musique, tandis que Thérèse Lachman l'adorait d'instinct depuis qu'elle était toute petite. Entre les musiciens et les barbares dont nous sommes, hélas, s'élève un mur de Babel, en deçà et au delà duquel on ne parle point la même langue.

Écrivons donc seulement, sans commentaires, que l'illustre pianiste Henri Herz rencontra par hasard au casino d'Ems la fille Thérèse Lachman — qui se garda bien de lui avouer qu'elle était « femme Villoing » — qu'il en devint tout éperdu, qu'elle se déclara non moins folle d'amour, qu'ils vécurent ensemble plusieurs années, qu'ils eurent même une fille, et que cette longue période de passion et de symphonie mena Thérèse jusqu'aux environs de 1851, année où l'ingénieuse mélomane devint marquise, et marquise authentique, qui mieux est.

Henri Herz était un Juif de Francfort, ou de Vienne, de l'Est enfin, plein de charme et de talent, très bon, très affable et très fin — bref, irrésistible. A dix ans, il enthousiasmait déjà le public par sa virtuosité. A trente-cinq ans, son arrivée à Paris, à Londres, à Berlin, à Vienne, bouleversait les dilettantes. Il remerciait avec une bonne grâce délicieuse, quand on l'applaudissait frénétiquement, quand on lui envoyait de beaux bouquets de fleurs, ronds et environnés de papier de dentelle, quand on y joignait même des billets doux : il avait enfin l'habitude de séduire les femmes de tous les pays qu'il traversait triomphalement, et dont il parlait la langue avec une rare aisance, étant né polyglotte. Mais, c'est à Paris surtout qu'il se plaisait : il y avait suivi, tout enfant, les cours du Conservatoire, et y dirigeait, en collaboration avec un autre commerçant fort habile, une manufacture de pianos. « Un piano de chez Herz », disait-on avec sensibilité, sous Louis-Philippe. Il possédait une salle de concerts où il suffisait qu'il parût seulement pour faire des recettes magnifiques. Il finit même par se voir un jour nommé professeur au Conservatoire, car il s'était fait naturaliser Français. Paris vaut bien une messe. Paris vaut bien quelques démarches et un chiffon de papier.

En attendant, Henri Herz, virtuose mondial (il ira charmer plus tard jusqu'à l'Ouest américain, alors presque sauvage, il ira semer l'étonnement et la joie parmi les cow-boys et les pasteurs de San Francisco), le très aimable Henri Herz donc était riche, fort riche. Et voilà justement ce qui trouble chez cette Thérèse ; chaque fois qu'elle aima quelqu'un, c'est curieux comme il était riche, ce quelqu'un ! Il est vrai qu'ici, il y avait la musique ; après les plus beaux concerts, Thérèse ne se possédait plus. Mettons qu'elle ait adoré le talent éblouissant, voire aimé la personne, et de plus dépensé sans compter l'argent d'Henri Herz, en signe de confiance et d'abandon.

Quant au maestro, il était, lui, tout tendresse et tout passion. Et d'abord, il commença par présenter partout Thérèse comme son épouse légitime. Il s'était marié en Angleterre, soi-disant, avec cette splendide créature aux cheveux bleus, aux gros yeux étincelants, au nez bizarre. Elle était son Égérie, son inspiratrice, sa muse, on l'allait bien voir : sur quoi, il se mettait au piano, et jouait « pour elle », et il était sublime, et Thérèse demandait des sels.

L'exaltation du grand pianiste était telle qu'une légende s'est formée : Henri Herz aurait été jusqu'à tenter d'amener sa Thérèse aux Tuileries, un soir qu'il était prié de se rendre à l'une des réceptions, assez simples et sans grand apparat, qu'y donnait le roi Louis-Philippe. Sa Majesté, pensait-il, apprécierait sans doute la valeur et la beauté d'une femme telle que « madame Herz », et pour le reste voudrait bien fermer les yeux.

Par malheur, le roi ne fermait — et

encore à demi — ses petits yeux fort bons et fort perçants que dans les cas où il pouvait lui être utile ou commode de les clore ainsi, ou d'en avoir l'air. En outre, il avait une excellente police, qui lui apprenait sur autrui tant de choses !... Bref, le faux couple Herz aurait été bien courtoisement, mais nettement prié par un chambellan de ne point dépasser l'antichambre du palais. On devine, en ce cas, la rage et les cris de l'ancienne gypsie dans la voiture qui la ramenait chez elle avec son prétendu mari. Si cette histoire est vraie — nous n'en avons trouvé nulle part la confirmation — ce serait peut-être là, au fait, l'origine de la sourde et incoercible haine que la Païva porta toujours à la France : il ne serait nullement impossible qu'en 1870 elle n'eût pas encore pardonné aux vaincus de Sedan l'offense que Louis-Philippe aurait bien été forcé de lui faire quinze ans auparavant... Ame sans oubli, âme violente et lourde, âme qui ne sut même pas dédaigner... ah ! comme elle fut peu de chez nous, en effet, la fille Lachman, évadée de Moscou !

En revanche, le bon et charmant Henri Herz offrit à « madame Herz » la savoureuse fierté d'avoir un salon, d'y recevoir régulièrement des artistes, des gens de lettres. On y vit, on y applaudit Richard Wagner, entre autres musiciens. Théophile Gautier, Émile de Girardin devinrent les habitués et les intimes amis de Thérèse ; ils lui restèrent même toujours fidèles, ce qui plus tard ne fit guère leur éloge, nous dirons pourquoi. C'est que « madame Herz », merveilleusement intelligente, laissons-lui ce don du diable, s'exprimait et recevait à présent ainsi qu'une vraie femme du monde. Elle lisait, s'instruisait de son mieux, feignait d'aimer à la passion les beaux vers, les livres pleins de rêves, les aimait peut-être en réalité. Déjà elle s'habillait avec un luxe surprenant et collectionnait les bracelets et les colliers. Et puis...

Et puis, la fortune d'Henri Herz fondit : il partit pour l'Amérique, où il resta cinq ans. Comme par hasard, Thérèse ne l'aima plus quand il devint pauvre, oublia sa fille, fit des dettes que la manufacture de pianos dut plus d'une fois payer. La famille Herz se fâcha, dévoila le faux ménage et chassa l'étrangère...

Et voilà de nouveau Thérèse Lachman qui « fait la fête », comme nous disons aujourd'hui. Mais ce n'est plus alors la crapule ignoble du quartier

Saint-Paul. Fi donc !... Thérèse dîne où il est élégant de dîner, se ruine tous les deux mois, redevient très riche pour un trimestre, reçoit en cadeau d'admirables bijoux qu'elle met bientôt en gage chez l'usurier, remporte des succès éclatants à Londres, capte peut-être un testament en Russie, alimente quotidiennement la chronique scandaleuse des journaux, s'affiche même avec les plus bavards et les mieux renseignés des journalistes dans sa loge, à l'Opéra... La grande, très grande vedette !

Le 15 juin 1849, enfin, le démon qui veillait sur la destinée de Thérèse Lachman lui fit un présent magnifique : Villoing, le pauvre diable de tailleur qui jadis l'avait épousée, mourut de tuberculose et de tristesse à Paris, où il était venu s'établir obscurément

Rien de plus noble que ce Villoing,

on se reprocherait de ne point le noter ici. Il avait élevé de son mieux — lui si chétif et si pauvre — le fils que Thérèse lui avait laissé lors de sa fuite. Après quoi, à Paris, et bien que la vie tapageuse de sa femme lui fût parfaitement connue, comme à tant d'autres, il ne chercha jamais ni à se venger (il l'eût si bien pu !) ni seulement à se faire connaître, ni même à l'entrevoir. Il coupait son drap, en cousait les morceaux, payait tant bien que mal la pension de son fils, et sur tout le reste, pas un mot. Admirable mépris, fierté de prince ! L'humble artisan Villoing fut le seul vrai gentilhomme que la Païva connut en toute sa vie.

Dans l'été de 1849, cependant, Thérèse apprit qu'elle était veuve. Agée alors de trente ans, dans tout l'épanouissement de sa beauté baroque, elle était plus étrangement irrésistible que jamais — et scandaleuse, en outre, et fameuse dans tout Paris. Il y avait là de quoi piquer même un dandy, et en tout cas entêter à jamais un provincial, et faire complètement perdre la raison à un étranger. Ce qui arriva sans tarder, comme on va voir.

Et les enfants, les malheureux enfants ? Bah ! Thérèse s'en souciait comme de rien : loin de rapporter de l'argent, les enfants coûtent cher. Mauvais, cela. Sa fille, qui devait mourir à douze ans, était élevée par la famille Herz. Quant au fils Villoing, il s'éteignit plus tard, à vingt-cinq ans, tuberculeux, lui aussi. Sa mère ne le revit jamais. Après la mort du père, elle fit pourtant servir au collégien, puis à l'étudiant, une très modeste pension, afin qu'il pût poursuivre ses études : le minimum enfin. Mais elle paya régulièrement. Telle fut la seule bonne action de sa vie. On la regretterait presque, comme on souffrirait d'une fausse note dans la sérénade de Méphisto.

LE MARQUISAT DE PAÏVA

Un peu avant le coup d'État du prince-président, Thérèse habitait place Saint-Georges, dans le bel appartement qui convenait à une créature de luxe, à une illustre princesse de scandale comme elle était alors. Et, dame ! il y avait du monde autour d'elle, un monde fou : des étrangers surtout, pour qui elle semblait tout spécialement faite, nous l'avons dit. Au gré des Parisiens, en effet, elle avait sans doute un peu trop de couleur et de goût, couleur et goût qui venaient vraiment de trop loin, qui différaient à l'excès de tout ce que nos pères aimaient, ainsi qu'une orchidée épanouie dans la crasse d'un marais pourrait, par exemple, différer d'une rose de France, ou quelque vodka au benjoin de nos bordeaux royaux.

Aussi ne voyait-on rue Saint-Georges que des boïards excités, des magnats sentimentaux, des Allemands millionnaires autant qu'éperdus, des trouveurs d'or arrivés d'Amérique, des lords dépensant leurs fortunes à Paris, tandis que leurs respectables ladies rendaient visite à leurs voisines, là-bas, dans les châteaux de style Élisabeth endormis sous la brume ou la pluie. Il y avait aussi force rastas autour de Thérèse Lachman.

Mais qu'est-ce donc qu'un rasta, demandera-t-on ? Le mot est si vague.

Peut-être. Néanmoins, personne ne s'y

trompe, et dès qu'on l'entend, chacun aussitôt d'évoquer un personnage aux cheveux bleus, admirablement habillé, qui parle en prononçant les *r* comme des *l*, sourit avec une extrême facilité, et fait presque toujours en parlant un geste de trop. Entendons-nous bien : ce n'est pas qu'il se tienne mal, manque d'éducation, ni bavarde sans modération ou sans goût. Non, mais il passe toujours la mesure par une nuance quelconque, celle-ci fût-elle de distinction, fût-elle de discrétion. S'il est honnête homme, cela se voit trop ; s'il signe des chèques sans provision, ces chèques sont trop gros ; s'il est entretenu, la dame n'y peut suffire.

Et il en a toujours été ainsi. Les rastas si bien mis, par exemple — trop bien mis, naturellement — qui fréquentaient chez Thérèse, lui offraient leur cœur, ce qui était bien naturel. Toutefois, hélas, ils n'en restaient point là, et tout en faisant valoir avec grâce, qui le plus étincelant gilet, qui sa chaîne d'or, qui ses yeux de velours, ils ajoutaient avec empressement quelque chose à l'offrande : celui-ci proposait des champs de cannes et des milliers de nègres ; cet autre, qui n'avait que des dettes, parlait de fuir, et d'une chaumière en paille sous les Tropiques ; un dernier enfin, plus enthousiaste, ou plus hardi — ou plus besogneux — offrit tout simplement à Thérèse de l'épouser. Et celui-là était un marquis portugais, marquis s'il en fut en son pays, marquis devant Dieu.

Il s'appelait Albio-Francesco Aranjo de Païva, ou de Païva-Aranjo. On doit se garder de le confondre, comme on fait trop souvent, avec un de ses cousins, le vicomte José de Païva, en ce temps-là ministre de Portugal à Paris, personnage des plus respectables, familier des Tuileries, et reçu en sa qualité de diplomate dans tous les salons du Faubourg. Le marquis Aranjo de Païva soutenait moins noblement l'honneur de la famille ; ayant dissipé une belle fortune en son pays, à Porto, puis à Londres et à Paris, et n'ayant tout à l'heure plus le sou, voici qu'il était soudain tombé amoureux fou de Thérèse Lachman, rencontrée par hasard à Bade.

Hélas, elle commençait d'être bien riche, maintenant, Thérèse Lachman, pour que l'on en tombât si fort épris quand on n'était pas soi-même au moins millionnaire... Mais quoi ! le marquis avait grand air et portait beau, lorsqu'il ne jouait pas d'une façon trop inutilement négligente avec sa moustache, sa badine, ses bagues ou son mouchoir à pois : toujours un geste de trop, vous dis-je. De plus, il savait non seulement s'accommoder de la gêne, mais jeter superbement ses derniers écus par la fenêtre ; ce n'était point à lui qu'il eût fallu apprendre l'art de commander chez la meilleure fleuriste un merveilleux bouquet pour une femme, tout en étant à peine sûr de pouvoir payer son dîner le soir. Quelque jeune personne rêvait-elle d'un bibelot, d'un menu plaisir ? Il parvenait à les lui offrir, à force de combinaisons, de dettes et d'arrangements bizarres. Avait-elle envie d'un homme enfin, cette dame, d'un bel homme décoratif, qui fît honneur en public, et plaisir dans le particulier ? Eh ! le marquis Aranjo de Païva était là ; seulement, il ne pouvait pas payer toujours et partout, cela se concevait.

Quant à Thérèse, elle avait voulu, non seulement le cavalier, mais encore le nom et les armes : il lui fallut lâcher, pour le coup, la forte somme... Esprit pratique et entendu aux affaires, la fille du père Lachman avait prévu cette nécessité ; elle livra donc ce qui était nécessaire, et se trouva bientôt — le 5 juin 1851 — officiellement marquise de Païva devant toutes les autorités constituées. Un beau succès.

Faut-il tout dirc, hélas ? Cc mariagc dura peu, et finit très mal. On ne sait guère ce qui arriva exactement, faute de documents, de lettres, de confidences ; mais le fait est que deux ans après, l'infortuné marquis prit le large, ou fut remercié — contre indemnité, bien entendu. Après tout, un marquisat n'est pas une bagatelle ; on ne peut l'avoir pour rien. Bon pour des descendants paresseux de trouver sottement un titre dans leur berceau ; mais ceux qui, comme Thérèse Lachman, n'auront dû leur noblesse qu'à eux-mêmes, savent bien ce qu'il en coûte de pouvoir dorénavant faire graver un blason sur leur vaisselle d'argent. La Païva avait agi sans hésiter, à la conquistador, l'or au poing, le chèque déployé ; et elle avait triomphé !

Quant au marquis, après être retourné en Portugal dissiper ses nouvelles rentes aux tables de jeu et chez des demoiselles, il finit par revenir assez obscurément à Paris, où il se tua en 1872, d'une main ferme d'ailleurs.

Incident tout à fait insignifiant, alors, pour la Païva qui, depuis un an, venait d'obtenir à Rome l'annulation de son mariage. Cet individu qui s'était fait sauter la cervelle n'était pour elle plus rien du tout ; à peine si elle se rappelait son nom, qu'elle ne portait même plus.

L'OR DU RHIN

Ce fut au grand soleil du second Empire, vers l'époque de la Crimée, quand le nouveau César s'avançait sur une voie triomphale aux yeux d'une France prospère et charmée, que s'épanouit définitivement la Païva.

Cette femme peut, du reste, passer pour l'incarnation même du second Empire. On a parlé de la Castiglione, de l'Impératrice elle-même : mais celles-là furent vraiment trop belles. C'est prêter à cette époque assez vulgaire une esthétique qu'elle n'a point connue et une injuste noblesse, que de lui donner pour symboles deux déesses. La Païva lui va bien mieux, avec son nez cassé, ses gros yeux, sa superbe et ses bijoux terrifiants, ses voitures fracassantes. Son âme elle-même convenait à un temps qui aura plus apprécié les biens temporels que les autres. Ce n'est pas que nous donnions ici dans cette niaiserie, la fameuse « corruption du second Empire », dont les républicains de 1869 parlaient avec des trémolos dans la voix ; on vit alors nombre d'aventuriers s'établir d'une façon peut-être plus durable, plus éclatante et plus franche aussi que sous certains autres régimes, voilà tout. Mais, enfin, on doit bien convenir, sans insister davantage, que la Vénus terrestre présidait à la France de Napoléon III plutôt que la céleste, de même qu'un visage de faunesse, comme fut celui de la Païva, devait mieux correspondre qu'une tête de madone au goût des danseurs de cancan et des tapageurs du « Grand 16 ».

Tout souriait au nouvel empereur quand, par un coup d'infatigable chance, la Païva trouva sur sa route le comte Guido Henckel de Donnersmarck, jeune millionnaire prussien, venu à Paris pour se dégourdir un peu, pour s'amuser surtout. Le comte Henckel de Donnersmarck, né en 1830, avait par conséquent onze ans de moins que celle qu'il aima d'un si long et si touchant amour.

Onze ans, mais c'est énorme !... Soyez polis pour notre époque, où vous savez bien que les femmes marquent cinquante ans presque jusqu'à leur mort, quand elles ne se fardent et ne se teignent pas trop. Il est certain, toutefois, qu'en 1860, nos grand'mères ne savaient point se garder d'engraisser ni conserver une silhouette ; au lieu de trotter sur les terrains de golf, elles se serraient dans leurs corsets. Mauvaise méthode de défense contre l'âge. La Païva n'était pourtant pas encore quadragénaire quand le comte Henckel, l'ayant aperçue, s'y attacha comme l'ombre au corps, eût dit tristement le pauvre Pierre Schlemyl. Elle brillait d'un éclat non pareil dans les loges de théâtre, aux courses, aux Champs-Élysées : ébloui, le Prussien vit chatoyer en elle l'âme même de Paris. Et lorsqu'il lui dit qu'il l'adorait, elle lui répondit dans le plus pur allemand...

Ainsi donc, en allemand, pensait le jeune Teuton tout tremblant d'émotion, en allemand, si loin de la chère patrie et des grandes chopes aux armes des nobles Henckel, et du vieux Rhin magnifique ! En allemand, là, dans la Babylone moderne, sous ces marronniers des avenues toutes neuves, au milieu de ces ridicules « cocodès » à monocles carrés, et de tous ces officiers retour de Crimée ou d'Italie, qui inclinaient sur le sourcil droit leurs insolents petits képis avec une grâce que Dieu châtierait quelque jour ! En allemand, dans cette calèche à huit ressorts si bien attelée, et telle que chacun, à Berlin, s'arrêterait afin de la voir passer ! Elle avait l'honneur et la chance de connaître l'allemand comme sa langue maternelle, cette étourdissante fée des Parisiens, à laquelle n'échappait évidemment aucun des mille et un secrets du raffinement français ; et c'était avec d'augustes mots germains que cette créature d'apparence frivole, mais si intelligente au fond, allait peut-être enseigner tendrement à un vaillant fils des vainqueurs de Leipzig et de Waterloo comment il fallait se tenir et vivre pour faire figure parmi les jeunes étourdis des Tuileries, du pesage ou de Tortoni, dont l'exaspérant sourire était une offense perpétuelle à la modestie, au bon sens et à la dignité !... Ah ! croit-on qu'enivré par de telles perspectives et de pareilles félicités, l'émerveillé Guido s'apercevait seulement que la Païva comptât deux lustres de plus que lui ?

Du reste, il n'y paraissait guère. Le comte Henckel n'avait pas du tout l'air d'un freluquet ; on le voyait lourd et grand, au contraire, de forte encolure et de torse massif, mangeant ferme, non certes sans boire. Ajoutez une barbe imposante qu'il portait, ce qui ne rajeunit personne. Quand il mourut, très vieux — il n'y a pas si longtemps — il possédait plus de deux cent vingt millions de marks, des terres immenses, d'inappréciables mines en Silésie. Vers 1860, sa fortune n'atteignait point encore au quart de tout cela ; mais chaque année, elle augmentait avec une surprenante rapidité, et il dépensait royalement des revenus déjà énormes. On le savait seigneur de vastes forêts, de plaines sans fin, de marais et de bruyères où bondissait le cerf et détalait le sanglier, où l'on abattait par milliers les lièvres et voire les loups, les canards, les hérons, les oies sauvages, tandis que des fermiers innombrables présentaient sans doute au maître une fois l'an, en hommage, deux mesures de pur froment ou un bouquet enrubanné.

Il n'en fallait peut-être pas davantage pour composer autour de sa personne une sorte de poésie vague et facile, dont pouvaient fort bien s'enchanter nombre de jeunes filles pas très riches, dans les salons du faubourg Saint-Germain, où lui donnait accès son excellente et vieille noblesse étrangère. La Païva, princesse de rive droite et marquise de demi-monde, ne fut naturellement point la dernière à la goûter aussi, cette poésie des marks et des puissants domaines. Et puis, on aimait tant l'Allemagne en France, sous le second Empire, la bonne Allemagne !... Le comte Henckel, amoureux candide, amoureux perdu, triompha sans difficulté ; avant même le premier cadeau, la Païva bien avisée, bien informée, aimait déjà de passion le grand seigneur prussien qui lui apportait l'or du Rhin.

A partir du moment qu'ils eurent résolu de vivre ensemble, publiquement et effrontément, le comte Henckel de Donnersmarck et la Païva n'ont plus d'histoire jusqu'à la guerre de 70. Plus d'histoire publique, s'entend ; enfin on ne les trouve mêlés à aucune aventure politique, diplomatique ou financière, et cela pendant près de quinze ans. Ce n'est point qu'on ne les connaisse dans Paris : miséricorde ! on n'y voyait qu'eux, au contraire. Au bois de Boulogne, aux courses, au théâtre, aux concerts, apparaissaient invariablement le grand gaillard barbu et sa compagne, qui commençait à ressembler à une espèce de hautaine Théodora sous son fard et ses bijoux sans pareils. En plein air, ils chevauchaient sur des bêtes admirables, à moins qu'ils ne se fissent voir étalés côte à côte dans une calèche à huit ressorts, attelée à la Daumont ; un petit jockey habillé de velours, les jambes toutes raides en sa culotte de peau, montait un des trotteurs marchant au métronome, dont on se demandait s'ils n'allaient pas tout à l'heure élever leurs sabots plus haut que leurs têtes. S'il faisait froid, le jeune burgrave barbu et la Théodora disparaissaient sous les fourrures que balançait doucement la coquille à quatre roues. L'été, en revanche, M. le comte, devenu coquet, essayait d'allonger élégamment ses pantalons de nankin dans la voiture légère, tandis que Mme la marquise, à demi enfouie sous sa crinoline gigantesque, opposait au soleil une toute petite ombrelle au manche coudé.

Allaient-ils au concert, au théâtre ? Un vrai coupé d'ambassadeur les amenait ; le laquais sautait de son siège, dépliait le marchepied, et les deux Barbares éclatants faisaient majestueusement leur entrée parmi tous ces petits Français qui les regardaient.

Et c'étaient des factures folles chez le couturier à la mode, les marchands de chevaux, selliers, carrossiers, fleuristes, orfèvres, joailliers, négociants en meubles, objets d'art, vins précieux ou primeurs extraordinaires. On pourrait même dire que, pendant dix ans et plus, le couple Henckel et Païva n'eut d'autre histoire dans Paris que celle dont témoignait la courbe toujours ascendante, la courbe merveilleuse de ses factures. L'or inépuisable du Rhin coulait dans la capitale sans défaillance ni fatigue : chacun s'inclinait finalement devant ce fleuve irrésistible. Et puis, ce bon et bel or-là ne venait-il pas de l'inestimable, de la noble Allemagne ? Jusqu'à l'été de 1870, il y eut parmi nous des personnes — et parfois éminentes — qui s'attendrissaient à la pensée de la sainte Allemagne : les clichés ont la vie dure.

Néanmoins, la Païva n'était reçue nulle part, dans les salons de la bonne société, s'entend. Elle eût donné ses bijoux, ses chevaux et tout, pour se glisser une fois, une seule fois aux Tuileries, fût-ce un soir de réception très ouverte, presque publique ; ou bien chez la princesse Mathilde, où fréquentaient tous ses amis les gens de lettres ; ou dans n'importe quelle maison du faubourg Saint-Germain. Mais inutile d'insister : on appelait la Païva marquise chez le carrossier, le fourreur, l'architecte ou au restaurant ; dans les salons, toutefois, elle n'était qu'une créature, une espèce, on ne savait quoi. Et les jours que son équipage avait été plus remarqué que de coutume au Bois, ces dames la nommaient tout bonnement une fille, pour faire court.

C'était faire trop court, du reste ; une fille, cela sent le plèbe. La Païva régnait sur Paris par le scandale et la fortune ; encore fallait-il lui tenir compte de cette royauté-là. Nul ne saura ce qu'elle put accumuler de haine contre ces légers Français qui lui fermaient leurs portes — à elle, une femme supérieure, devait penser avec indignation le comte Henckel, une incomparable musicienne ! Et sans doute ajoutait-il en son gros cœur offensé que nous n'étions qu'une pauvre nation de vaniteux, évidemment désapprouvée par Dieu.

Toutes les revanches possibles contre les Welches si suffisants et insolents, la

Païva les voulut avoir et les eut. Et d'abord les deux plus aisées, pour une femme tellement riche, devaient être d'éblouir en tous cas par son luxe, ainsi que par sa notoriété, ce Paris qui prétendait la traiter en paria, ou en demi-paria, enfin la déclasser. Or, dans cette intention, il fallait avant tout avoir un hôtel afin d'y donner des réceptions splendides ; et cet hôtel serait le plus somptueux, le plus surprenant, le plus à la mode — le plus second Empire, en somme — de tous ceux qui se bâtissaient alors en grand nombre, avec la permission du baron Haussmann, dans les nouveaux quartiers du Roule, de Courcelles, de l'Étoile ou de Chaillot. L'emplacement choisi fut l'avenue des Champs-Élysées, rien de moins ; et la maison, l'horrible maison qu'y fit élever la Païva existe encore. Elle porte le numéro 25, et abrite aujourd'hui un cercle d'étrangers.

Cette prétentieuse demeure est d'un style rigoureusement Napoléon III, entendez par là qu'elle n'a justement pas de style, puisqu'on n'a rien créé sous le second Empire, et qu'on n'y fit qu'imiter — affadir serait plus exact — les styles précédents : l'hôtel Païva est une sorte d'*ersatz* de XVIe siècle, une contrefaçon Renaissance. Tout y semble imité dans un mauvais bazar : des peintures aux plafonds, mais plates et insipides ; de grandes pièces, et qui paraissent sans air, encaissées, mesquines ; un escalier de magnifique onyx jaune, toutefois les proportions en sont si lourdes qu'il écrase plutôt qu'il ne s'élève ; des statues à renvoyer en province, dans une sous-préfecture ; des cheminées très compliquées qui ressemblent à certaines portes de boîtes de nuit, à Montmartre ou Montparnasse ; une turquerie aux couleurs anémiques servait de salle de bains. Lamentable !...

Et tout cela, hormis la turquerie, voulait être Renaissance, comme la façade elle-même de l'hôtel. Et les plus riches marbres, et les sculptures et les ciselures se trouvaient partout à profusion : l'on eût cru néanmoins, on croirait encore avoir sous les yeux un placage en stuc et en plâtre, tarabiscoté chez le quincaillier du coin. Un *ersatz*, encore une fois, meublé avec un luxe écrasant du plus pur 1865, satin noir et bouton d'or, sinon bleu turquoise, peluche et dentelles précieuses, fauteuils capitonnés devant un bahut Henri II... Et l'ensemble avait coûté des millions et des millions. Le comte Henckel était ravi ; Paris allait donc voir ce dont était capable un grand seigneur prussien, aidé par sa tradition aristocratique — pensait-il — en faveur d'une femme d'intelligence supérieure, d'une artiste, d'une musicienne aujourd'hui digne de tous les respects, et devant laquelle les Français avaient l'incroyable impertinence de sourire le plus souvent, parfois même de rire tout à fait.

Voilà pour l'hôtel à Paris. Cependant, un hôtel, cela ne suffisait pas à la Païva pour jouer à la princesse ; il lui fallait en outre un château, un parc, une terre à *la* campagne, de quoi enfin pouvoir dire négligemment, comme Fouquet regagnant son palais de Vaux : « Je vais à ma maison des champs. » Le comte Henckel acheta pour elle le grand et beau château de Pontchartrain, sur la route de Paris à Rambouillet.

Il n'y a rien que de très naturel à

écrire ainsi le « pauvre château » de Pontchartrain. Qui niera que les châteaux très anciens soient vivants, qu'ils aient une âme ? Il faudrait, pour en douter, ne les avoir jamais vus rire à midi, pleurer en automne, combattre contre les bourrasques d'hiver, se blottir sous la neige, et resplendir orgueilleusement au clair de lune. Et toutes ces générations de vieux Français de France qui ont frémi, espéré, aimé ou haï sous leurs murs, elles n'auraient donc point laissé là quelque frisson dans les tentures, une palpitation secrète parmi les boiseries, on ne sait quoi d'intime et de doux autour des cheminées qui se souviennent du feu ? Il ne manque plus qu'un vieux cartel dont le cœur batte encore, ou bien un toit tout animé par sa chevelure de pigeons, pour que la demeure séculaire ne vive pas seulement d'une vie cachée, mais parle en ses salles désertes et se joue sous le ciel.

Bâti depuis trois siècles, le château de Pontchartrain se rappelait les Phélypeaux, les Maurepas, les d'Osmond, et même vous, ô tendre La Vallière, et Le Nôtre qui avez dessiné le parc, et jusqu'au Grand Roi qui l'avait visité, et combien de personnages encore, en pourpoint, veste de chasse ou habit brodé, au vif et bon langage français. Il tombait soudain entre les mains de deux étrangers qui avaient de l'accent, et dont les manières n'étaient point d'ici, des conquérants qui ne pouvaient que s'emparer des choses, au lieu de les recevoir doucement, soit par héritage, soit en cadeau comme on s'en fait entre pays... Pauvre Pontchartrain, certes !

La Païva y a coupé des arbres, organisé des points de vue, semé enfin ce qu'elle appelait de la fantaisie parmi les pures allées du parc. Elle s'habillait en homme — dit-on — pour chevaucher, ce qui, à cette époque, terrifiait les paysans. Elle ne sut se rendre ni aimée, ni même populaire, et fit — au moins une fois — aux châtelains d'alentour une visite qu'on ne lui rendit pas : toujours ces Latins vaniteux et offensants, dut-elle songer, dont l'inexplicable suffisance avait naguère si justement indigné le grand et magnanime général Blücher !...

En revanche, le second des buts de guerre que s'était fixés la Païva était du moins atteint : la notoriété, l'immense notoriété. Tout le monde aujourd'hui connaissait cette étrange marquise, dont hier encore le nom était familier aux seuls habitués du Boulevard et du bois de Boulogne. Elle avait renoncé aux duchesses et même aux autres femmes de la bonne compagnie, il l'avait bien fallu ; mais tant à Pontchartrain qu'en son hôtel des Champs-Élysées, elle recevait régulièrement des gens de lettres et des artistes éminents. Voilà un bon choix, quant aux premiers surtout, car ce sont eux précisément qui fabriquent la célébrité avec leurs journaux, leurs revues, leurs livres, leurs mémoires, leur conversation si aisée et voire intarissable. La Païva les gorgea de truffes et de grands vins, les éblouit par les splendeurs d'une table aux raffinements inouïs ; ils y sont sensibles, quand la gastralgie ne s'y oppose point ; et même en ce cas, reste encore le plaisir de se voir servi par d'innombrables valets en culotte courte, alors qu'on risque d'entendre chez soi la maritorne crier : « Mais le dîner est servi !... Si Monsieur ne vient pas, à la fin, tout ne sera plus que de la cochonnerie ! »

Outre les très vieux amis, les Théophile Gautier, les Émile de Girardin, les Arsène Houssaye, on vit donc défiler régulièrement, se nourrir et s'abreuver chez la Païva Sainte-Beuve, Léon Gozlan, Ponsard, Émile Augier, Paul de Saint-Victor, Jules Lecomte, Edmond About, les Goncourt, etc..., et puis Baudry, Gérome, Eugène Delacroix, bien d'autres encore.

Étant princes de l'esprit, tous ces lettrés et ces peintres, auxquels se joignaient aussi des musiciens, auraient pu ne pas se compromettre chez cette courtisane vieillissante et ce magnat prussien ; car ils savaient bien, eux, ce que vaut un barbare, quand il posséderait des milliards. Mais la mode n'était point à la sévérité, ni même, hélas ! à la méfiance ; on souriait à la vie, sous le second Empire, on voulait que la France n'existât que pour être heureuse, on la jugeait irrésistible, on la croyait aimée.

Encore un peu de temps, et les reîtres de Bismarck mettront un terme à cette idylle. Et ce ne seront pas alors les tragiques, les candides républicains de l'Empire libéral qui arrangeront, ni même, quoi qu'on en ait dit, sauveront rien.

Depuis 1865, aussi bien, la Païva devait commencer tout bas à sourire, probablement ; car les insolents Français allaient voir du nouveau, bientôt, elle le sentait, elle en était sûre. Le jour que l'Empereur lui-même déclara publiquement qu'il apercevait des points noirs à l'horizon politique, la fille de Moscou s'épanouit tout à fait sous son fard et ses perles : enfin, voici donc venir le crépuscule de cette société qui lui avait fermé tous ses salons !... La Païva se promit d'aider à ce qu'elle appelait l'œuvre de la justice divine, si elle le pouvait.

Or, elle le pouvait très bien.

1870

Ah, certes, elle le pouvait !...

En 1870, la Païva venait tout juste de passer la soixantaine. Un hôte habituel de ses dîners eût fait observer poliment qu'elle n'avait pu garder, hélas, en son automne tout l'éclat du printemps. Parlons plus simplement, et déclarons net qu'elle était devenue horrible ; et d'abord elle s'était empâtée, première et irréparable faute. Ensuite, elle se teignait en blond, prétendent les uns, en roux, en noir, assurent les autres ; en un mot, elle usait de perruques, ce qui la rendait plus que ridicule et la vieillissait de dix ans, au lieu de porter avec élégance et esprit ses cheveux gris, qui l'eussent rajeunie d'autant. Enfin, elle se fardait, mais ce n'est point assez dire que farder, elle se peinturlurait, se bariolait la figure ; comme si, avec tout son rouge, et son blanc, et son noir, elle eût voulu forcer chacun à la regarder au visage, pour aussitôt penser tout bas : « Mais comme elle marque mal, cette Carabosse, avec son badigeon ! » Ajoutez à cela des boisseaux de perles et des kilos de pierreries, et jugez de l'arrogante caricature qu'on appelait alors la Païva.

D'autre part, elle avait une bonne cervelle, appliquée aux chiffres avant toutes choses ; et pour commencer, elle savait fort bien additionner les millions du comte Henckel, millions auxquels elle demeurait scrupuleusement fidèle. Mais des millions, voire des centaines de millions, qu'est-ce que cela, s'il ne s'y joint le prestige social ou l'influence politique ? Du prestige social, la Païva n'en avait aucun en France, et on le lui avait trop bien fait sentir. En revanche, elle pouvait exercer une espèce d'influence politique, du moins en Allemagne, si elle flattait surtout les pires desseins de Bismarck, qui voulait faire la guerre à la France et n'attendait qu'une occasion ; cette France dont la Païva n'avait pu forcer les salons, cette France gouailleuse, insolente, outrecuidante, ainsi la qualifiait-elle ; cette France chétive, déclarait tranquillement Henckel de Donnersmarck.

Or, la Païva recevait force écrivains et journalistes, nous l'avons vu ; ceux-ci comme ceux-là savent toujours des nouvelles, et parlent beaucoup. De son côté, le comte Henckel, grand seigneur prussien, demeurait en rapports continuels avec les diplomates de son pays et la colonie allemande de Paris ; en de telles conditions, c'était un jeu que de répéter utilement à ceux-ci d'imprudents propos de table qu'avaient tenus ceux-là, de propager telle ou telle opinion tendancieuse, telle ou telle calomnie bien placée. La Païva l'eût-elle voulu, qu'elle n'eût même pas pu s'en défendre. Mais loin de s'en défendre elle eût plutôt ajouté du venin au poison, et des notes écrites aux racontars de sa salle à manger.

Était-ce là faire de l'espionnage ?

C'était un travail bien pire. On entend le plus souvent par ce mot, une espionne, quelque malheureuse créature sans ressources qui, pour bel argent comptant, livre à un pays les secrets militaires ou politiques dérobés à un pays voisin. Il va de soi que pour la Païva, il ne pouvait s'agir de rien de tel : une femme si riche n'allait pas se faire payer, bien sûr, ni descendre à des livraisons de documents volés. Besogne inférieure, fi donc !

La Païva faisait, pour ainsi dire, de l'espionnage de luxe. Sans correspondre directement, lourdement avec Berlin, il arrivait souvent, très souvent, le plus souvent possible, soit à son mari, soit à elle-même, de raconter à des diplomates prussiens ce qu'Émile de Girardin ou Arsène Houssaye avaient rapporté la veille à dîner, touchant l'état de l'opinion publique ou les rêveries de la cour, la candeur de certains généraux, l'optimisme effrayant de l'Empire libéral. MM. les diplomates recherchaient ces conversations, excellaient à les faire naître. Et quoi de plus facile, après cela, quoi de plus naturel pour un conseiller d'ambassade que de demander : « Mais, pardon, telle chose dont vous me parlez là, vous la savez avec précision ? Vous en êtes bien sûr ? Vous pourriez me donner les chiffres ?

— Vous les aurez demain », répondait Henckel froissé qu'on ne l'en crût pas sur parole.

Quant à la Païva, elle se montrait flattée qu'on eût recours à ses lumières, et bavardait, le cas échéant, tant qu'on voulait. Elle faisait tout son possible pour pousser les uns à la guerre, tout en rassurant les autres, c'est-à-dire tout en démontrant qu'on ne la ferait point, cette guerre, qu'on ne la ferait jamais, qu'on ne pouvait pas la faire. C'était de la perversion par la confiance, de l'empoisonnement d'opinion : pour moins que cela, en temps de guerre, on bannit, on jette au cachot, on fusille parfois. Mais la Païva donnait de si beaux dîners !... Et puis, comment se méfier de l'honnête Prusse, de la pieuse Allemagne ?

Mai, juin, juillet... L'orage montait, l'éruption couvait sous la cendre.

Enfin, la guerre fut déclarée. Ce fut la Païva qui dut s'écrier : « Enfin ! » Quant à Henckel, il aura commandé aussitôt, avec un sombre enthousiasme et la ponctualité militaire inscrite au cœur de tout bon Prussien : « Les malles, tout de suite. Et n'oubliez pas mon uniforme. »

Sur quoi, le passeport, et le départ immédiat pour la frontière. La Païva allait habiter la Silésie, non loin des mines fameuses, dans un château appartenant au comte Henckel. Celui-ci, d'autre part, botté, revêtu de la longue capote grise, ceint du revolver et du grand sabre des officiers, la barbe étalée sur la poitrine et la main à la visière du casque à pointe, celui-ci chevauchait par les campagnes de France dans l'ombre de Bismarck, son chef bien-aimé. Et c'est en ennemi très intéressé par les seuls succès stratégiques qu'il regardait brûler nos fermes et nos moissons.

Il se conduisit si bien, entendez qu'il fit la guerre avec tant de zèle, bref il contribua tellement, selon ses forces, à la ruine et à la destruction du pays où il avait passé beaucoup d'années heureuses, que pendant les hostilités mêmes, Bismarck le nomma préfet de Sarreguemines, puis de Metz. Fonctions tout à fait passagères, soit ; du moins témoignent-elles de la haute faveur dont un si parfait combattant jouissait auprès du futur chancelier de l'Empire. « Henckel nous sera très utile en France, disait Bismarck ; en somme, il est chez lui à Paris. »

Que cet Henckel fût à ce point familier dans notre capitale, c'était à démontrer, quoi qu'en pensât Bismarck ; il est toutefois certain qu'il se croyait vraiment, positivement chez lui. Et jamais ce sentiment ne fut si fort que le jour où l'armée allemande entra dans le malheureux Paris meurtri, violé, en deuil et en larmes, à la veille de convulsions déchirantes. Toutes les fenêtres étaient closes, toutes les persiennes fermées, toutes les portes verrouillées dans l'avenue des Champs-Élysées. Les Prussiens défilaient entre des logis volontairement silencieux et morts. Une seule maison souriait, vitres brillantes, porte large ouverte, l'air en fête : c'était l'hôtel Païva, où le comte Henckel de Donnersmarck, en grand uniforme, regardait passer les reîtres et les drapeaux de son pays... Que de tact, que de bonne grâce !

Jalouse des exploits de son ami, la Païva fit mieux encore : la guerre n'était pas plutôt finie, et signé le traité qui nous arrachait deux provinces et nous humiliait pour un demi-siècle, que l'on vit Mme la marquise de Païva revenir tranquillement s'installer, le sourire aux lèvres, dans son cher hôtel des Champs-Élysées d'où, sans plus attendre, elle lança des invitations à ses anciens amis, comptant les retrouver tous fidèles à ses dîners, comme naguère...

Et pourquoi non, en somme, qu'était-il arrivé de si épouvantable ? Les Français avaient été battus ? Eh ! la guerre est la guerre, on n'y peut rien. Et puis, voyons, est-ce que vraiment un seul d'entre ces étourdis, se disait la Païva, aurait jamais dû croire sincèrement à la victoire ?... Allons, l'ère des enfantillages était close. On allait dîner comme avant l'été de 1870, et voilà tout ; et les Parisiens méprisables et pleins de grâce, les *græculi*, seraient encore très contents de venir faire de l'esprit devant des truffes énormes et des bourgognes sans égaux.

Paris, du reste, ne suffisait même plus à Mme de Païva ; il lui fallut de nouveau son beau Pontchartrain, qu'un général allemand avait occupé pendant la guerre avec des précautions infinies, alors qu'on cassait tout chez les Welches. Dans un grand et magnifique domaine comme celui-là, il faisait bon jouir de la victoire des armes, à la bonne heure, et les insolents voisins allaient voir un peu ce que c'était que l'offensive du luxe et de la joie de vivre, après celle des canons triomphants !

La Païva retourna donc avec fracas habiter dans son château. La plupart de ses domestiques français n'y purent tenir, et quittèrent la place en rougissant de colère et de honte ; elle les congédia tous, et les remplaça par des Allemands. Voilà ce qu'on appelle la rude et solide paix armée... Du reste, la Païva aurait eu bien tort de se gêner, puisque ses voisins de campagne se sont contentés de la bouder avec la plus vaine et futile dignité mondaine, tout comme avant la guerre enfin, au lieu de la fouetter un jour publiquement, ainsi que les tricoteuses firent à la fille Théroigne de Méricourt, une fois, pendant la Révolution.

De triomphe en triomphe, d'ailleurs ! Le 28 octobre 1871, le comte Henckel de Donnersmarck épousa officiellement, dans un temple protestant de Paris, Thérèse Lachman, juive de Moscou (baptisée, catholique et romaine en son jeune âge, aujourd'hui adepte de la confession d'Augsbourg), puis veuve Villoing, enfin femme — mais le mariage avait été annulé à Rome — du marquis de Païva.

Il n'avait pas moins fallu que deux changements de religion, et en outre une invasion suivie d'une affreuse guerre civile, sans parler du pauvre Villoing tristement décédé, ou du lamentable Païva chassé comme un valet qui boit le vin de la cave, pour amener le bonheur étourdissant et la transformation d'une vieille courtisane peinturlurée en « grande dame allemande », ainsi que disait Bismarck — non sans sarcasme, pensons-nous.

Si la Providence s'occupe réellement des pitoyables affaires humaines, il faut avouer qu'elle se livre parfois à des jeux bien compliqués.

LE LOCARNO DE LA PAÏVA

L'histoire de la Païva pendant les dernières années de sa vie n'est plus qu'une bouffonnerie — une sombre, une atroce, une révoltante bouffonnerie. Il est cruel d'y songer, pénible d'en écrire. On ne peut s'empêcher de rire en y songeant ; mais c'est après quelqu'un de ces rires-là qu'on se pendrait, si l'on en avait le goût.

Et tout d'abord, notez bien qu'en dépit du nouveau titre de Thérèse Lachman, à savoir comtesse Henckel de Donnersmarck, on l'appelait toujours dans Paris la Païva ; ce qui la fâchait, l'indignait même. Mais quoi, contre la coutume il n'y a rien à faire ; en dépit, sinon à cause de son mariage avec un grand seigneur allemand, la plupart des Françaises, parmi celles qui avaient souffert de la guerre, refusaient non seulement de voir la nouvelle femme du comte Henckel, mais encore de lui donner un autre nom que l'injurieux « Païva ». Non sans raison, il faut en convenir, elle se trouvait en exécration, repoussée, honnie par les bonnes Françaises qui n'avaient pas encore quitté le deuil d'un père, d'un frère, d'un mari, ou dont la maison ruinée par les obus allemands commençait à peine à se relever. C'était la Prussienne, l'espionne de Bismarck, cette femme entretenue, cette éhontée. Dans le salon politique de Juliette Adam, très patriote et républicaine amie de Gambetta, la Païva ou le diable, c'était tout un ; on s'étonnait, en tout cas, qu'elle ne fût point expulsée, et en somme on n'avait vraiment pas tort.

La mode était aux Salons politiques, après la guerre de 70. Dominant celui de la princesse Troubetzkoï, de Mme Arnaud de l'Ariège, et dix autres encore, le salon de Mme Adam régnait sur la République encore mal affermie ; il fut le quartier général, l'âme du Seize mai. Convenons donc qu'une âme ardente et fort intransigeante comme celle de Juliette Adam, devait supporter avec bien de la peine qu'une Païva, sortie de Dieu sait où, mais munie de millions sans nombre, en fût venue à tenir, elle aussi, une sorte de salon politique. Car la présence continuelle à l'hôtel Païva du prince de Hohenlohe, ambassadeur d'Allemagne, et celle des jeunes conseillers d'ambassade autrichiens, russes, anglais, hollandais qu'il tirait volontiers à sa suite, faisaient de la récente comtesse Henckel une façon de personnage diplomatique ; et le grand espionnage continuait sans nul doute, mieux organisé seulement par Son Excellence en personne, ou du moins par ses sous-ordres qu'il pouvait ensuite désavouer, ce qui est selon la méthode ordinaire, comme nul ne l'ignore.

Tout le monde savait cela, disait cela. Quand néanmoins la Païva, lors de son dîner hebdomadaire, prenait le bras du prince de Hohenlohe pour passer à la salle à manger, où les valets en perruque ronde allaient présenter le bouillon de moules à la crème fouettée et offrir un tokay pareil à de l'ambre fondu et glacé, les yeux un peu fatigués de la maîtresse de maison se posaient avec un orgueilleux plaisir sur le cercle chaque semaine plus étendu de ses relations d'art et de chancellerie ; des dames commençaient même à s'y montrer sans trop d'embarras. Et si c'était au printemps, si quelque tiédeur d'avril permettait aux hôtes français de s'accouder au balcon de pierre, ils pouvaient contempler la belle avenue des Champs-Élysées où avaient défilé, drapeaux déployés, les compatriotes de celle qui les recevait, tandis que son mari, préfet prussien de Metz, avait salué en souriant les camarades, confortablement installé qu'il était sur le perron de sa maison, seule ouverte dans toute l'avenue...

Mais quoi, il n'y a rancune qui ne s'atténue beaucoup au moment du dîner. Et puis, un ambassadeur est un ambassadeur ; on cite avec plaisir des diplomates étrangers avec lesquels on s'est entretenu la veille, en prenant le café ; et il n'y a pas jusqu'au bouillon de moules à la crème fouettée, jusqu'au tokay 1859 qui ne parlent secrètement aux âmes de pardon des injures, de bonté, d'humanité, d'entente parmi les peuples civilisés, d'États-Unis d'Europe... Ne le disions-nous pas, qu'après 1871 l'histoire de la Païva n'était plus qu'une bouffonnerie amère et sinistre !

Quelques femmes commençaient donc à se rendre aux réceptions de l'hôtel Païva ; on devine si notre Allemande cousue d'or s'en trouvait heureuse, sans qu'il en parût rien sur son visage peint, que l'éclat resplendissant des pierreries rendait encore plus scandaleux. « Après celles-ci, pensait la Païva, triomphalement optimiste, après ces pécores bourgeoises, j'aurai les duchesses, enfin !... Un peuple battu ne peut pas toujours faire le fier. »

Et comment eût-elle pensé autrement, quand elle voyait que ses anciens amis lui étaient presque tous revenus après la guerre, et sans grande difficulté ? Oui, presque tous, même les plus sensibles, même les plus frémissants, même ceux dont les âmes d'artistes avaient ressenti plus profondément — à les en croire — le deuil du pays, même certains princes de l'esprit que l'orgueil du vainqueur avait froissés en leurs délicatesses d'humanistes exquis, de poètes prompts à s'émouvoir... Émile de Girardin et Arsène Houssaye avaient été les premiers à franchir de nouveau la porte de l'hôtel Païva. Paul de Saint-Victor, Théophile Gautier — alors si malade — avaient suivi. Un par un, tout doucement, à la dérobée, sans rien dire, ils avaient repris leurs places à la belle table hospitalière et flatteuse, autour de laquelle ils avaient loisir d'admirer la haute courtoisie du prince de Hohenlohe, non moins que le secret mépris du fameux banquier allemand Bleichrœder, qui était alors, en quelque sorte, le chargé d'affaires financières de Bismarck à Paris... Gourmandise ? Plaisir du luxe ? Snobisme ? Vieux vice qu'on ne peut quitter, auquel on revient ?... Allons, tout cela, n'est-ce pas drôle à pleurer ?... Oui, à pleurer.

Et le monstrueux dîner chez M. Thiers, président de la République !... Mais là, pour le coup, c'est un peu plus triste que drôle, et même aujourd'hui, on a honte à conter ce navrant épisode de la paix douloureuse qui suivit une guerre atroce.

Toujours arrogante, dure et privée de tact, la comtesse Henckel de Donnersmarck venait de rentrer victorieusement dans son hôtel de Paris, quand elle décida, un soir, d'aller en un théâtre où l'on jouait *la Périchole.* Naturellement, la plus belle loge était pour elle, et ce fut sans modestie qu'elle s'y installa, avec ses diamants, ses perles, sa légende et son impudence, sans oublier, je pense, son mari qui se trouvait là — son mari, ancien officier de l'armée victorieuse, ancien préfet de Metz, hôte habituel de l'ambassade d'Allemagne.

Il n'en fallait pas tant pour exaspérer le public : la Païva, aussitôt reconnue, fut violemment sifflée, si violemment qu'elle dut sortir, suivie sans doute de son époux bien étonné. Pourquoi, en effet, sifflait-on de braves gens comme eux qui dépensaient tant d'argent en France, où ils aidaient à vivre des commerçants innombrables ?

Néanmoins, c'était un fait : on avait insulté publiquement une « grande dame » prussienne. Catastrophe, drame, incident diplomatique, et voilà le prince de Hohenlohe qui se fâche : que signifie cela, petits Français tant de fois battus ? Les citoyens allemands sont-ils en sécurité chez vous ? Faudra-t-il qu'on vienne de Berlin pour organiser à Paris la police des théâtres et des lieux de divertissements ?

Bref, la colère monta jusqu'à un tel ton, la Païva se plaignit si fort... et nous étions si malheureux, si désemparés par la défaite et le découragement, si pitoyables enfin, qu'en guise de réparation, huit jours après cette aventure, la Païva, ancienne fille des rues, dînait chez M. Thiers, président de la République française, en face de Mme Thiers, femme respectable du chef de l'État.

Et nous avons évacué la Ruhr ! Et nous évacuons la Sarre !... Décidément, quand on pense à 1871, ce n'est pas sérieux, le traité de 1919.

***

Un jour vint enfin que la Païva se trouva mordue par la plus haute ambition. Elle pensa jouer un rôle politique immense : grâce à elle, la France et l'Allemagne allaient peut-être se réconcilier... Thérèse Lachman éclatait d'orgueil à la pensée de la mission historique dont la comtesse Henckel de Donnersmarck aurait la gloire aux yeux de la postérité ; c'était pour elle une sorte d'apothéose.

Il faut dire qu'environ les années

1875, le souvenir de la guerre s'atténuait déjà en de certaines âmes qui se disaient surtout amies de l'humanité, renonçant ainsi noblement — et sournoisement — à la peine et à la fatigue d'être d'abord les amis de leur pays blessé. Nombre de rêveurs enfin songeaient à la grande réconciliation entre les peuples ; ils voyaient sérieusement l'Allemagne nous rendre l'Alsace-Lorraine en échange d'une colonie. Ils parlaient sans rire de justice, de raison, de droit. Ils s'émouvaient, ils avaient confiance, ils s'endormaient dans un optimisme commode et candide... Gambetta le premier dans cette billevesée.

Nul n'ignore que Gambetta était à cette époque-là dictateur en France, ou peu s'en fallait. Chef de la majorité républicaine, orateur sans égal, environné du prestige éclatant que lui avait valu son rôle de grand patriote pendant la guerre, il régnait ; sa faconde, sa vaste culture, son entrain, sa verve, sa corpulence même et son aspect commun lui donnaient une popularité prodigieuse. Quels que fussent les chefs en nom du gouvernement, c'était Gambetta qui maniait les ficelles de presque tous les pantins, et comme on dit aujourd'hui, tenait les leviers de commande ; il planait au-dessus des combinaisons et les surveillait, conseillait les moindres initiatives des républicains, se trouvait derrière tous les hommes d'État de son parti. Oui, réellement, Gambetta fut dictateur en France pendant six ou sept ans, non point d'après la loi, mais en fait. Ajoutons qu'il faisait battre le cœur de plus d'un patriote comme un drapeau.

Or, quelle ne fut pas la stupeur de

certains purs, et très purs, un Spuller, une Juliette Adam, quand ils apprirent que Gambetta s'était laissé conduire chez la Païva, qu'il s'y était acoquiné, qu'il y dînait tous les vendredis !... Le grand homme de l'armée de la Loire, le chef occulte du Gouvernement... chez ces Henckel, chez ces Allemands, chez ces espions ! On n'en croyait pas ses oreilles.

Quoi, la vanité du tribun s'était-elle laissé séduire, elle aussi, par le luxe princier ou le plaisir d'avoir une cour nouvelle chez la Païva ? Son puissant appétit se trouvait-il même bien des truffes et des vins de cette table célèbre ?

Tout est possible, et les meilleurs parmi les héros ont leurs faiblesses. Mais on ne doit pas oublier qu'en ces années, 75, 76, 77, on entendit d'une part retentir les grondements et les menaces de Bismarck, inquiet de voir la France se relever si vite, et que d'autre part le chœur des illusionnés, des pacifistes et des optimistes bêlait éperdument : fraternité des peuples, la douceur et non la force, tout s'arrangera, etc... On connaît ces cantiques, ils n'ont jamais changé.

Et Gambetta, le fameux, le génial Gambetta, marchait, marchait, marchait. Et la Païva, se voyant déjà l'Égérie de la paix parfaite et des ententes adorables et azurées, environnait le dictateur, écrivait en Allemagne, intriguait, combinait, rêvait d'une rencontre secrète entre son Bismarck et son Gambetta, la préparait, arrangeait tout ; l'entrevue aurait lieu dans un château de Lorraine ou d'Alsace, et là, le divin miracle s'accomplirait, les bases d'une attendrissante union franco-allemande seraient posées... Hosannah !... Et l'ambassade d'Allemagne s'émouvait, et le comte Henckel télégraphiait en langage mystérieux, et Bismarck lui-même se disait : « Voyons toujours... »

Finalement, l'affaire faillit bien réussir. Positivement, notre dictateur fut sur le point de se rendre au château de Varzin où, sous l'égide de ses inquiétants amis, il eût rencontré Bismarck, et là, d'homme à homme, il se flattait de le séduire, de le convaincre par des paroles habiles et magnifiques, par des regards, des sons de voix, d'obtenir enfin de ces engagements amphigouriques dont les chancelleries font leurs délices, et les écrivains politiques des articles sans merci dans les journaux ou les grandes revues. Au milieu d'avril 1878, Henckel adressait à Bismarck ce télégramme en style figuré : « *Envoi part demain, arrive Berlin lundi soir, sera à votre disposition. Détails suivent.* »

Pauvre benêt de Gambetta, révérence parler ! Voilà bien l'incorrigible humanitaire optimiste qui disait à Lalance, représentant de l'Alsace au Reichstag : « Vous nous reviendrez par la paix », et qui déclarait solennellement dans un discours à Lille, en 1876 : « J'espère qu'un jour, rien que par l'ascendant du droit, nous retrouverons, pour l'équilibre de l'Europe et le triomphe de la justice, nos frères séparés. »

S'il fût effectivement allé à Varzin ou à Berlin, quel camouflet il eût reçu, le malheureux Gambetta ! Sur quel roc d'intransigeance et d'orgueil eût-il été s'écraser ! Quels sarcasmes hautains et à peine dissimulés eût-il dû essuyer ! Il fût revenu de là ridicule, humilié, humiliant, perdu, bon pour la retraite immédiate et définitive...

La Païva et son compère Henckel s'étaient-ils proposé un but si machiavélique ? Ou plutôt, n'était-ce pas tout bonnement, chez cette vieille courtisane, la furie de jouer un grand rôle, et de voir ensuite « les duchesses » sonner à sa porte, enfin !... Cette seconde hypothèse est plus naturelle — encore que la première se défende fort bien.

***

Le fait est, en tout cas, qu'au dernier moment la grande *combinazione* de la Païva échoua. Gambetta avait enfin réfléchi. Il ne fit ni le voyage de Varzin, ni celui de Berlin, du moins pour rencontrer Bismarck. C'est que malgré ses transports d'humanitaire, il portait en lui une réserve de bon sens, heureusement. Mais, comme nous disons aujourd'hui, il était moins cinq.

Un tel échec frappa la vieille orgueilleuse comme une lourde catastrophe, et dès lors sa chance l'abandonna. Non seulement elle devait renoncer pour toujours à faire figure auprès des duchesses, comme à voir son coupé passer sous le portail des vieux hôtels au faubourg Saint-Germain, ce qui avait été le rêve secret de toute sa vie ; mais encore voici que s'élevait dans Paris, à la fin des fins, une longue rumeur contre les Henckel.

Après tant d'années, on en venait donc à s'apercevoir que ces Prussiens avaient aidé puissamment à l'espionnage en France pour le compte de leur chère ambassade d'Allemagne. Dans les salons, dans les cercles, et ce qui est plus grave, dans les journaux, on reprochait à l'ancien préfet de Metz, non moins qu'à sa chère compagne, tous les incroyables et hautains manques de tact, volontaires ou non, dont ils s'étaient rendus coupables. Déjà les sifflets s'apprêtaient de nouveau, comme certain soir, à *la Périchole* ; encore un peu, on les eût insultés dans la rue. Un beau jour, on leur conseilla très vivement « en haut lieu » (vous savez qu'on écrase de ce nom nos pauvres ministères) de s'éloigner, de voyager, enfin de quitter Paris : une suggestion si pressante équivalait à un ordre d'expulsion. Il était grand temps !

Le comte Henckel obéit : aussi bien n'avait-il pas le choix, s'il ne voulait se voir reconduit à la frontière. Et son épouse le suivit, ulcérée. Elle était devenue obèse, mais portait toujours ses perruques et des diamants énormes, des perles prodigieuses. Pontchartrain fut vendu, et tous deux allèrent s'installer au château de Neudeck, en Silésie. Ce fut là que la Païva mourut d'une hypertrophie du cœur, le 21 janvier 1884, à l'âge de soixante-cinq ans. Son âme ne dut même pas paraître devant Dieu : à quoi bon ?

***

Quant au richissime comte Henckel de Donnersmarck, inconsolable veuf, l'empereur d'Allemagne le fit bientôt prince, et lui conféra le titre d'Altesse, qui eût en vérité si bien convenu, n'est-ce pas, à Thérèse Lachman, née dans la pouillerie à Moscou ? Ensuite, le chagrin du nouveau prince s'étant sans doute atténué, il se remaria, septuagénaire et congestionné, avec une Russe ou Polonaise, qui avait trente-deux ans de moins que lui, et épousa sans trembler ses quelque trois cents millions.

La délicieuse enfant n'avait d'appréhension que les jours où le prince la menait déjeuner ou dîner chez des amis. Mme la duchesse de Clermont-Tonnerre nous conte en ses charmants Mémoires (*Les Marronniers en fleurs*) que le couple Henckel vint une fois déjeuner ainsi chez le duc de Gramont, son père, en ce Paris où tout Prussien ayant fait la guerre de 70 aimait tant à revenir parfois se prélasser. Le prince, allègre et corpulent, mangeait avec un appétit magnifique, et la princesse, sa femme, semblait le surveiller avec inquiétude. Quand on quitta la table à la fin du repas, les dames furent discrètement priées d'attendre un instant dans la salle à manger : de l'autre côté de la porte, Son Altesse vomissait.

NOTE BIBLIOGRAPHIQUE

Quiconque prétend écrire une vie de la Païva ne rencontre pas facilement les documents nécessaires. Les mémorialistes du second Empire et des premières années de la troisième République en ont fort souvent parlé, mais en passant. Dans les journaux, on trouve de bons détails ; toutefois, il faut s'en remettre au hasard pour les découvrir : quelle entreprise, en effet, que de feuilleter ces collections immenses !

La tradition orale donne de meilleurs résultats : grâce au ciel, nombre de vieux messieurs et de dames à cheveux blancs subsistent encore qui ont connu la Païva, et en parlent volontiers.

Le regretté Alfred Loliée a publié une biographie de la Païva. C'est un ouvrage très utile à consulter. Une affligeante candeur et un style barbare en rendent cependant la lecture presque impossible, ou du moins héroïque.

TABLE DES CHAPITRES

HORS DE LA POUILLERIE NATALE... 9
MUSIQUE.......................... 21
LE MARQUISAT DE PAÏVA......... 35
L'OR DU RHIN.................... 45
1870............................. 69
LE LOCARNO DE LA PAÏVA........ 83
TABLE............................ 109

PARIS - S.G.I.É., 71, RUE DE RENNES - 1930

www.ingramcontent.com/pod-product-compliance
Ingram Content Group UK Ltd.
Pitfield, Milton Keynes, MK11 3LW, UK
UKHW020331180726
13839UKWH00002B/647